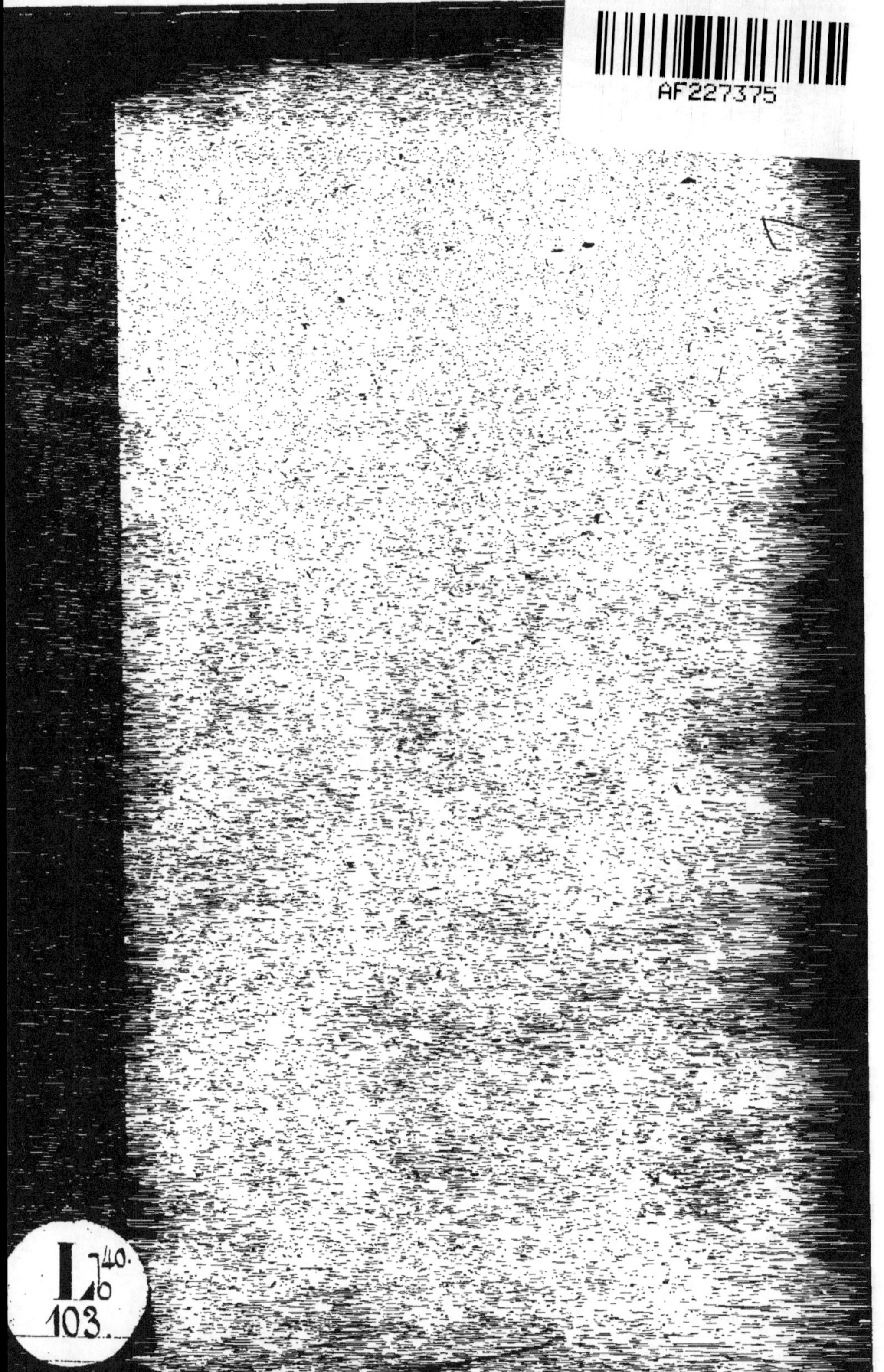

MOTION

Sur la nécessité de circonscrire la vente des biens ecclésiastiques aux Municipalités dans leur territoire, etc.

PRÉSENTÉE à l'Assemblée générale des Représentans de la Commune de Paris, le 22 mai 1790.

Par J. P. BRISSOT DE WARVILLE, l'un des Représentans de la Commune.

N. B. La discussion de cette Motion est ajournée à un bref délai.

De l'Imprimerie du PATRIOTE FRANÇOIS, Place du Théâtre Italien.

Le 30 mai 1790.

MOTION

Sur la nécessité de circonscrire la vente des biens ecclésiastiques aux Municipalités dans leur territoire, etc.

MESSIEURS,

Les trois propositions que je vais soumettre à vos lumières, me paroissent tellement évidentes, tellement conformes à l'esprit de fraternité et de justice qui vous ont dirigés jusqu'à présent, que je croirois vous offenser, en doutant de votre empressement à les adopter. Après avoir fait face aux événemens les plus critiques, dans les premiers mouvemens d'une liberté naissante, vous pouvez seconder, mieux qu'aucune autre commune, les travaux de l'assemblée nationale pour la régénération du crédit public ; vous pouvez devenir les bienfaiteurs des créanciers de l'état et de la nation ; vous pouvez donner aux autres municipalités un exemple de désintéressement, dans la vente des biens ecclésiastiques, qui signalera de plus en plus votre patriotisme.

A 2

Avant de vous développer ces propositions, je dois vous retracer rapidement les bases et les motifs des différens décrets de l'assemblée nationale sur la vente des biens ecclésiastiques aux municipalités. Je ne remonterai pas au premier mobile de l'intervention des municipalités dans cette vente : je me borne à remarquer qu'elle a été présentée, comme un moyen d'assurer la liquidation de ces biens, de mettre le transport de la propriété à l'abri de toute résistance qu'on auroit pu craindre de la part du clergé, ou des ennemis de la révolution. On a pensé qu'elle préviendroit toutes les alarmes, dissiperoit tous les préjugés qui pourroient retenir les acquéreurs. C'est sous ce point de vue que M. le maire de Paris, de concert avec le bureau de ville, a offert à l'assemblée nationale d'acquérir, au nom de la municipalité de Paris, pour 200 millions de biens ecclésiastiques. Cette proposition a été reçue avec enthousiasme, moins par les avantages qu'elle présentoit, que par le patriotisme qui sembloit la diriger, que par le grand exemple qu'elle donnoit aux autres municipalités, que parce qu'enfin elle sembloit attérer d'un coup de massue ceux qui résistoient à la restitution des biens nationaux. —

Je ne m'arrêterai point à relever ici toutes les

irrégularités qui ont précédé une pareille proposition, irrégularités que les circonstances *n'ex-*
cusent pas, quoiqu'elles aient pu les voiler aux
yeux de l'assemblée nationale. Je me contente
d'observer que cette proposition, sur laquelle on
a depuis enté tous les projets d'aliénation, n'auroit certainement pas offert tant de défauts, si
elle eût été discutée dans l'assemblée de la commune, comme la nature des choses et le régle-
ment provisoire l'exigeoient. La discussion publique, voilà le vrai et l'unique moyen d'écarter les erreurs, de repousser la cupide perver-
sité. La discussion dans les districts, par laquelle
la maladie du popularisme a voulu suppléer à la
vôtre, étoit insuffisante : non qu'il n'y ait des lumières, du zèle, du patriotisme dans les districts,
mais parce qu'ils n'y sont pas dans tous au même
degré, mais parce que l'unité d'opinions est pres-
qu'impossible à établir ; parce qu'enfin les districts n'ont été consultés qu'après un décret qui
avoit déja manifesté le vœu de l'assemblée nationale. Il en est résulté qu'on a laissé passer le
décret, sans en écarter les défauts.

Des quatre bases de ce plan, deux ont été
déja proscrites, les deux autres méritoient de
l'être. Ces quatre bases étoient la vente réelle
aux municipalités, la faculté d'acquérir par elles

par-tout où elles le jugeroient à propos , leur paiement en obligations qui seroient converties en assignats municipaux, et le cautionnement.

L'assemblée nationale a été unanime à rejetter ces assignats municipaux. Ils supposoient que la nation avoit besoin d'un crédit intermédiaire ; ils la reportoient vers les temps ténébreux du despotisme , où, pour attirer la confiance du public tant de fois trompé par le gouvernement , il empruntoit le masque des municipalités. Une conduite loyale, franche, ouverte, devoit caractériser une nation libre. Ses représentans l'ont senti ; ils ont vu que, si les corps municipaux avoient du crédit, c'étoit par elle , et qu'elle n'en pouvoit emprunter d'eux. Ils ont donc substitué des assignats nationaux à cette idée d'assignats municipaux.

L'assemblée nationale n'avoit pas d'abord suivi la même rigueur des principes sur l'article des cautionnemens. Egarée par de fausses notions, elle parut oublier que la nation et les municipalités ne faisoient qu'un ; elle crut devoir astreindre ces dernières à fournir des sûretés ; c'est-à-dire qu'elle astreignoit la nation à se cautionner elle-même. Mais lorsque le comité des biens ecclésiastiques a reproduit cette idée , la lumière avoit paru ; un excellent écrit, publié par un des plus profonds écrivains (1), avoit démontré que ces sûretés étoient inutiles, illusoires, onéreuses, qu'elles ouvroient la porte aux manœuvres de l'agiotage le plus vil, puisqu'il souilloit une opération patriotique. Ces manœuvres ont été démasquées, dénoncées, même par des membres de l'assemblée nationale ; et l'obligation, et le mystère d'iniquité qui l'avoit enveloppée, ont été rejettés avec indignation.

Et c'est encore ici, messieurs, que nous devons sentir et regretter les bons effets de la publicité. Croit-on que ce honteux cautionnement eût osé se montrer dans cette assemblée, si on y eût discuté, comme on devoit le faire, les principes sur lesquels il devoit reposer ? Ne l'auriez-vous pas analysé avec sévérité ? Auriez-vous consenti à payer si cher, non pas le crédit de vos cautions, mais le vôtre, mais celui des biens que vous êtes appelés à vendre ? Auriez-vous laissé dans l'obscurité ces hommes avides qui vouloient nous dévouer de nouveau à toutes les turpitudes des mauvaises administrations ? Qu'auriez-vous dit, quand on vous auroit instruit

______

(1) Voy. *Observations* de M. Clavière sur le *plan de vente aux municipalités*, et un second écrit du même intitulé, *Limites nécessaires à l'intervention des municipalités*, etc.

des conditions de ce marché honteux, quand vous auriez vu que, pour le plus inutile, le plus illusoire des cautionnemens, on exigeoit une provision de cinq pour cent sur la somme cautionnée, un intérêt de six mois gratuitement payé, soit que les cautions fissent ou ne fissent pas des avances ; et que dans le cas où ils seroient appelés à en faire, ils auroient la faculté de vendre *à tout prix* les biens, si, dans un temps très-court, les avances n'étoient pas remboursées ? Vous auriez été révoltés de pareilles demandes ; vous auriez envisagé, comme une véritable dilapidation, un sacrifice de sept et demi pour cent, que rien, absolument rien ne rachetoit ; et vous auriez vous-mêmes garanti les biens nationaux sur lesquels elle retomboit en définitif. Oui, l'on a eu raison de dire qu'une semblable opération appartenoit au règne de l'ex-ministre fugitif en Angleterre. Aussi, messieurs, tel a été l'effet de l'indignation publique, à la nouvelle d'un pareil marché, qu'on a cherché à en couvrir les auteurs d'un voile impénétrable. Et faut-il en être surpris ? Ceux-là mêmes qui y trempoient, ne se dissimuloient pas qu'il ne pouvoit réussir, si les conditions étoient publiques, si l'on n'en déroboit la connoissance à l'assemblée nationale, avant qu'elle eût consacré la nécessité d'un cautionnement. Ce fait les juge ; Duclos a dit : Les frippons seuls craignent les réverbères.

Les deux autres bases du plan de vente aux municipaux , qui existent encore et qui méritent d'être proscrites , c'est d'abord la vente directe aux municipalités , et ensuite la faculté qu'elles ont d'acheter par-tout où elles jugeront à propos.

Il eût été dans la nature des choses de se borner à charger les municipalités de vendre les biens aux particuliers , de les administrer en attendant leur vente , et d'en verser les produits dans la caisse de l'extraordinaire.

L'illusion des circonstances a fait préférer le mode de la vente directe. En dépouillant un corps, pour revêtir des propriétés qu'il administroit, un autre corps que la révolution rend puissant et respectable , il a semblé qu'on détruisoit les obstacles, les objections , les luttes, que les particuliers avoient à redouter, et qui les auroient écartés des marchés. C'étoit une erreur : car enfin ou la nation avoit assez de force pour protéger cette opération , et , dans ce cas, toute protection intermédiaire étoit inutile et inconvenable ; ou elle n'avoit pas assez de force, et les municipalités , qui ne tirent la leur que de la sienne , n'auroient pas pu lui en prêter.

Quoi qu'il en soit , le dernier décret a confirmé la vente directe aux municipalités ; vente qui cependant n'est que fictive ; vente qui n'offre, dans la réalité, qu'une possession et une manutention provisoire des biens ecclésiastiques.

Le même décret porte encore la faculté aux municipalités d'acquérir par-tout où bon leur semblera , d'après cependant une délibération dans le conseil général de la commune. Or c'est sur cette partie du décret que j'invoque principalement votre attention. Je crois, et je vais vous le démontrer, que la municipalité de Paris et toutes les municipalités du royaume doivent prendre les bornes de leur territoire pour celles de leurs acquisitions. Je vais vous démontrer que l'intérêt de chaque municipalité , celui de la nation, celui des créanciers de l'état, que tous les intérêts l'exigent ; et je dois me hâter de vous présenter cette démonstration ; car je suis instruit que l'on prépare déjà dans le bureau de ville un recensement de biens à acquérir par cette municipalité ; recensement qui, m'a-t-on dit, embrasse une étendue de trente ou quarante lieues. Or il faut se hâter de prévenir les troubles qu'une pareille opération pourroit causer ; opération qu'on est tenté de prendre pour la dernière ressource d'un agiotage déconcerté, trompé dans ses espérances.

Remontez, messieurs, au temps où votre bureau de ville a fait à l'assemblée nationale l'offre d'acquérir pour 200 millions de biens, et vous verrez que les opinions qui ont mis du prix à cette offre n'existent plus maintenant, et que par conséquent il faut changer avec elles.

Quelle utilité a-t-on trouvée dans cette offre ? De concourir à remplir les vœux et calmer les craintes de l'assemblée nationale ; d'offrir une arme vigoureuse pour arracher des possessions disputées par des rebelles à la nation ; d'inviter, par l'exemple, toutes les municipalités du royaume à prendre l'obligation de vendre les biens ecclésiastiques ; de former une confédération municipale pour cette expédition. — Eh bien ! messieurs, ce but est rempli ; l'exemple de votre administration a électrisé presque toutes les municipalités ; les plus considérables ont fait des offres patriotiques ; et telle est la somme de ces souscriptions maintenant, qu'elle surpasse de beaucoup la somme des biens dont on dispose dans ce moment.

On pouvoit trouver dans les offres de la municipalité de Paris un autre avantage, celui de remplacer les municipalités qui ne pourroient fournir ou trouver des cautionnemens suffisans.

Mais ces cautions étant reconnues inutiles et il-lusoires , et conséquemment supprimées , le se-cours qu'offre à ces municipalités la ville de Pa-ris devient inutile.

Puis donc que presque toutes les municipalités s'empressent d'acquérir , puisqu'elles n'ont pas besoin de cautionnement pour acquérir, la ville de Paris peut se dispenser de vouloir les rempla-cer dans ces acquisitions.

Comme la vente des biens ecclésiastiques doit offrir à chacune , suivant le décret, un bénéfice d'un seizième du capital des reventes , il est plus que probable que toutes s'empresseront d'acqué-rir les biens qui sont dans leur territoire.

Il est dans l'ordre des choses , il est du bien public, que chaque municipalité acquière et vende seule dans son territoire. En effet , quel est l'ob-jet de l'assemblée nationale dans cette opération ? De vendre à moins de frais possibles , de retirer le plus de produits possibles, d'éviter le gaspil-lage des deniers publics. Or n'est-il pas évident que les ventes faites sur leur territoire par les mu-nicipalités mêmes , seront moins dispendieuses que faites par des municipalités éloignées ? N'est-il pas évident que les estimations en seront plus exactes, les produits plus considérables ?

Laissez au contraire à chaque municipalité la faculté d'acquérir par-tout, voyez combien de désordres en résultent.

D'abord vous violez les bases des municipalités. Que sont-elles ? Des administrations purement *locales*. Leur donner la faculté de faire par-tout des acquisitions provisoires et purement fictives, c'est en faire des administrations *universelles*, c'est-à-dire des administrations aveugles, incapables de surveiller, et nécessairement désordonnées, parce que l'œil des corps est nécessairement borné comme celui des individus. Si vous présentez à cet œil des objets hors de son horizon, qu'en résultera-t-il ? l'impuissance de voir, de surveiller, et par conséquent le désordre ; car là où naît l'espérance de l'impunité, là naît le désordre. Et remarquez, je vous prie, à quoi on expose la paix publique. On a voulu assurer les ventes par la force des municipalités ; et qu'est-ce que la force d'une municipalité hors de son territoire ? Qu'est-elle sur-tout, quand la municipalité, simple spectatrice chez elle des achats d'une autre, n'aura pas le même patriotisme, le même zèle pour la révolution ? On frémit quand on pense aux chocs et aux rixes qui peuvent en résulter. On seroit tenté de croire que les ennemis de la révolution ont inventé ce

concours des municipalités hors de leur territoire, pour exciter la guerre entr'elles.

M'arrêterai-je, après ces observations, à vous
montrer que le gaspillage devient inévitable, que
c'est un résultat forcé de la nature des choses,
que vous ne pourriez pas l'éviter ? Paris achete au
nord, au midi, à l'est, à l'ouest : l'administration de cette ville ne peut s'étendre sur tous les
points où elle acquiert ; elle sera donc obligée
de se faire remplacer. La voilà donc assiégée
d'une foule de ces intrigans qui s'empressent au-
tour du désordre ; la voilà forcée de créer une
foule d'agents qui voudront être salariés chère-
ment, parce qu'ils vanteront leur probité ; d'a-
gents qui n'épargneront pas les dépenses, parce
qu'ils travailleront pour un corps, car le patriotisme ne se tait que trop souvent encore devant
l'intérêt ; d'agents qui pourront impunément,
s'ils en ont l'idée criminelle, faire des estimations, des ventes frauduleuses. Eh ! comment
pourrez-vous prévenir, arrêter ce brigandage se-
cret ? Vous fût-il dénoncé, comment pourrez-
vous le punir ? Il faudra des vérifications, des
enquêtes, des procès, et l'attirail coûteux d'une
justice inefficace, qui devient un impôt, dont les
biens ecclésiastiques paieront en définitif le mon-
tant. Or, messieurs, cet inconvénient ne peut

avoir lieu dans le système où chaque municipalité est bornée par son territoire. Là les fraudes sont difficiles ; là il est aisé de les éclairer, peu coûteux de les poursuivre ; là les punitions peuvent être efficaces.

Cette impossibilité de surveiller les acquisitions lointaines, s'augmente encore, lorsque l'on considère et la tâche immense de chacune, et le petit nombre de citoyens qui doivent la remplir. — Avez-vous jamais contemplé les travaux futurs des municipalités ? Tout est à voir, tout est à réformer, tout est à créer; police, établissemens publics, travaux publics, perceptions des droits, comptabilité, etc. La révolution change tous les rapports, rend inutiles une foule de réglemens, en exige de nouveaux ; car il est difficile d'imaginer que des colliers faits pour des esclaves puissent convenir à des hommes libres. Seize personnes, dans votre municipalité, doivent être chargées de cet énorme fardeau. Non, je ne conçois pas encore comment elles pourront le supporter ; et l'on voudroit y joindre celui de surveiller, de suivre la manutention, l'acquisition, la vente de biens qui leur sont inconnus, qui seront situés dans toutes les parties de la France. L'imagination s'effraie d'un travail aussi vaste, aussi compliqué : ou ces administrateurs le feront, et il sera mal fait ; ou ils s'en rapporteront à des commis, et les désordres funestes de la bureaucratie reparoîtront parmi nous. Bornez au contraire les municipalités à leur territoire, et ce désordre n'existe plus. Vous divisez le travail, les agens restent sous vos yeux, la surveillance n'est plus difficile, vous ne l'étendez qu'à son horizon, tout est naturel, tout est aisé, et le désordre n'ose pas se montrer.

Eh ! s'il est une municipalité qui doive user de circonspection dans l'achat des biens ecclésiastiques, ce doit être sur-tout la vôtre qui en rassemble déjà tant sur son territoire. Rappellez-vous, Messieurs, le tableau qui en a été publié ; il porte à 2,762,176 livres, le revenu des seules maisons religieuses qui sont à Paris. —Ainsi vous avez déjà dans les mains une valeur de plus de 60 millions : n'est-ce pas un champ assez vaste pour vos administrateurs ? que sera-ce, quand on y joindra les biens de ce chapitre, dont la protestation criminelle eût mérité une punition éclatante, si le dédain ne punissoit pas mieux la nullité orgueilleuse ; de ce chapitre et des autres membres du clergé, dont le bien public exige l'anéantissement, et dont la suppression ou réduction est déjà proposée à l'assemblée nationale

tionale par son comité ecclésiastique, dans un des plus sages projets qui lui aient été encore proposés.

Une perspective si vaste de biens à vendre ; car puisque le principe est décrété, rien ne doit échapper, et les municipalités seront toujours les agents de ces ventes ; une perspective aussi vaste doit, sans doute, satisfaire l'ambition de la mu_nicipalité qui nous succédera.

Vous devez d'autant plus vous faire une loi de vous borner, que le patriotisme qui vous anime pourroit être travesti dans un vil calcul d'intérêt. En effet, messieurs, par l'article X du titre II du décret, la municipalité qui fait sa soumission la première, doit, dans le cas de la subrogation de la municipalité sur le terri_toire de laquelle elle a acquis, retenir un quart de bénéfice sur le seizième. Si donc vous étendez par-tout vos acquisitions, acquisitions qui seront infailliblement suivies par la subrogation, parce qu'il y aura par-tout bénéfice à la demander, ne pourroit-on pas vous prêter le dessein de convertir, d'accaparer par-tout ce quart de bénéfice pour la priorité de soumission ?

Et la ville de Paris, qui a, depuis la révolution, donné tant de preuves de sa générosité cette ville, dont la gloire est intacte, doit évi-

B

ter jusqu'à l'ombre du plus léger soupçon. Elle doit donner par-tout l'exemple de la générosité, comme de la fraternité.

De la fraternité ! ce mot me ramène encore à l'argument le plus frappant contre ces courses ambitieuses des municipalités les unes sur les autres. Je ne saurois trop le répéter pendant qu'il en est temps, la fraternité pourroit-elle se conserver au milieu de ce croisement d'intérêts ? La jalousie des municipalités ne s'enflammeroit-elle pas, en voyant la ville de Paris s'empresser d'acquérir par-tout ? Ne lui reprocheroit-on pas de vouloir accaparer tous les biens ecclésiastiques ? Ne résulteroit-il pas de cette jalousie des divisions, des querelles, des combats scandaleux. Nos ennemis, n'en doutez pas, fondent leur dernier espoir sur cette lutte des municipalités. Ils se fondent sur le gaspillage inévitable dans le système des acquisitions illimitées, sur des plaintes inévitables de la nation et des créanciers de l'état, frustrés par ce gaspillage Otons-leur cet espoir ; que la fraternité dirige, avec la raison, la vente de leurs biens, et ils seront confondus, et chacun sera satisfait, car chacun trouvera son compte dans les ventes bornées au territoire.

La nation y trouve le sien. Les biens seront

mieux vendus, donc il y aura plus de produit.

Les créanciers de l'état trouveront leur compte, car plus il y aura de produit, plutôt leurs dettes seront remboursées.

Si les municipalités tiennent au profit, elles y trouveront leur compte, car moins il y aura de frais, et plus leur seizième sera considérable.

Enfin les acquéreurs de ces biens y trouveront leur compte, et c'est encore un fait décisif, un fait frappant, que j'oubliois. N'est-il pas vrai que l'acheteur cherche à diminuer ses frais, qu'il achète le plus près de lui, parce qu'il connoît mieux les objets, parce qu'il peut mieux en éclairer la gestion ? N'est il pas vrai que si les municipalités peuvent acquérir les unes sur les autres, l'habitant de Bordeaux ou de Lille seront obligés de faire leur acquisition à Paris, si Paris a acquis le premier ? Voilà donc des frais de déplacement, de commissions de provisions, frais considérables qui écarteront nécessairement cette classe d'acquéreurs, disposée à acquérir sur les lieux mêmes.

En faut-il davantage pour vous convaincre de borner vos acquisitions à votre territoire ? — Surveillance impossible, gaspillage inévitable et impuni, frais énormes, bénéfices dimi nués , jalousies des municipalités , éloignement des acquéreurs , ralentissement des ventes , sacrifices des intérêts de la nation , des créanciers de l'état , des municipalités, tout ne se réunit-il pas pour proscrire la faculté illimitée d'acquérir ? Joignez-y l'intérêt du crédit public. A ce crédit que les assignats font reparoître , il n'est point indifférent que les biens ecclésiastiques soient fidèlement administrés , en attendant qu'ils soient vendus. Comment le crédit ne chancelleroit-il pas dans une gestion nécessairement désordonnée et coûteuse ? Tout vous fait donc la loi d'adopter ce bornement. En l'adoptant, vous donnerez un exemple salutaire à toutes les municipalités , un exemple qu'elles se hâteront d'imiter ; car le patriotisme vrai suit toujours la lumière. Alors à ces stériles soumissions pour des sommes énormes ; soumissions qui, si la réalisation en étoit exigée, surpasseroient les forces municipales ; soumissions qui par conséquent doivent paroître chimériques aux bons calculateurs ; à ces soumissions, dis-je , toutes les municipalités substitueront l'obligation bien plus réelle de vendre promptement et au plus haut prix possible les biens qui sont dans leur territoire, et leur intérêt les y portera.

Eh ! qu'on n'objecte pas ici que cette opération contrarieroit indirectement le décret de l'assemblée nationale. Consultez la plupart de ses membres ; ils vous diront qu'ils ont consenti à regret ces ventes illimitées, ces courses ambitieuses ; qu'ils s'y sont vus forcés par leurs précédens décrets qui leur ont été surpris : mais ils verront avec joie les municipalités renoncer elles-mêmes à cette faculté qui ne peut être que très-funeste en définitif à la nation. Eh ! l'assemblée nationale peut-elle vouloir autre chose que le bien général, que la paix, que la fraternité des municipalités ? D'ailleurs vous ne contrariez pas le décret ; vous ne faites que renoncer à une faculté que vous êtes libre d'exercer ou de refuser.

Qu'on ne nous dise pas encore que quelques municipalités, composées de membres dévoués à nos ennemis, retarderont, embarrasseront ces ventes. Ces municipalités ne seront-elles pas forcées par les citoyens que leur intérêt excite à faire vendre ? Ne seront-elles pas surveillées par les districts et les départemens, qui sauront les contraindre à remplir leur devoir ? Peut-il exister un plus sûr moyen de les ranger à leur devoir que de les en rendre elles seules responsables ?

J'ai prévenu, je crois, toutes les objections qu'on peut faire à cette opération, et il me semble que vous ne pouvez vous refuser à arrêter que la municipalité de Paris bornera ses acquisitions à son territoire.

Telle est la premiere proposition d'une adresse que je vous propose de présenter à l'assemblée nationale. Elle exigeoit beaucoup de développemens par son importance. Je serai court sur les deux autres.

La seconde concerne le seizième de bénéfice sur les reventes, accordé par l'assemblée nationale aux municipalités ; et je vais vous proposer, non un devoir, mais un sacrifice à la nation : c'est encore vous intéresser plus fortement. Vous savez que le seizième est accordé pour dédommager des frais. Le comité y avoit ajouté un quart sur les reventes, sous le prétexte que les municipalités étoient obérées ; qu'il falloit leur faire quelque sacrifice ; qu'il falloit en faire sur-tout à celles qui, par leurs efforts patriotiques, avoient opéré la révolution. On avoit la capitale en vue dans cette intention généreuse. Sans doute elle en doit des remerciemens au comité des finances. Cependant si, pour ce projet dicté par le bureau de ville, cette assemblée eût été consultée, sans doute

elle n'eût pas souffert que son patriotisme et
ses services eussent été balancés avec une
somme d'argent. Elle eût prévenu le décret de
l'assemblée nationale ; elle eût dédaigné toute
idée de profit ; elle doit le faire encore ; elle
est à temps. Le seizième de bénéfice sur les
reventes peut former un objet considérable ,
peut donner un excédent sur les frais. L'assemblée nationale l'a senti ; et c'est ce qui a déter-
miné sa générosité ; mais vous ne devez pas
vous laisser surpasser en générosité : vous devez
abandonner l'excédent des frais , offrir de le
verser à la caisse de l'extraordinaire. Votre
gloire et l'intérêt publique l'exigent. Que de vils
agioteurs spéculent sur des profits ; un pareil
calcul est au-dessous de vous. Votre exemple
d'ailleurs sera imité et produira par-tout des
versemens considérables à la caisse. Que dis-je ?
il sera imité ; et si vous ne vous pressez pas
de le donner , vous serez infailliblement devan-
cés ; et quand il s'agit du bien général, Paris
doit être à la tête ; ce n'est que lorsqu'il s'agit
de ses droits qu'il faut se confondre dans les
rangs. Je suis instruit que cette question sur le
sacrifice de l'excédent s'agite maintenant à la
municipalité de Bordeaux, et son patriotisme,
qui se développe si glorieusement, ne doit pas

nous laisser douter qu'elle n'adopte avec joie ce sacrifice. — Honneur à cette ville, dont les citoyens guerriers se sont dévoués pour la cause de la liberté, de la tolérance, pour défendre nos frères, les protestans, ces malheureuses victimes d'un fanatisme sanguinaire ! — Le nom de Bordeaux doit être chéri de tous les François ; son patriotisme l'a rendue la capitale du midi de la France. Mais son aînée doit-elle se laisser effacer en vertus ? Non sans doute. Hâtez-vous donc de sacrifier ce bénéfice qu'on vous offre sur les réventes des biens ecclésiastiques.

On vous dira peut-être que vous avez des dettes, qu'il faut les payer. Ne vous laissez pas séduire par ce sophisme. Vos dettes, les dettes des autres municipalités sont devenues celles de la nation. C'est la nation qui doit les acquitter par un systême général, uniforme, et non point par des dons partiels, insuffisans, qui appeleroient d'autres dons, ou des droits funestes, tels que les octrois. Je dis funestes, parce que tous les impôts doivent être uniformes, ou ils excitent la contrebande, entraînent l'immoralité, nécessitent des punitions. Reposons-nous donc sur l'assemblée nationale du soin de payer les dettes des municipalités, contribuons

à

à la mettre à portée de le faire par nos économies et par le refus d'indemnités inutiles.

La reconnoissance et votre honneur doivent encore vous faire adopter la troisième branche de ma motion. Elle consiste d'abord à remercier l'assemblée nationale de la suppression du cautionnement des 70 millions ; car c'est un bienfait, et il exige un remerciement : elle consiste encore à lui exprimer votre vive et profonde sensibilité, sur le marché scandaleux qui a souillé ce cautionnement, sur le trafic qu'on a tenté de faire des suffrages de députés, à lui exposer toutes vos tentatives pour en découvrir les coupables auteurs. C'est dans le sein de cette assemblée que la dénonciation de ce complot d'agioteurs a éclaté ; c'est là que le nom de la ville de Paris s'est trouvé confondu dans cette œuvre de ténèbres. C'est donc à ce tribunal qu'il est de votre dignité de faire une déclaration qui lave votre honneur compromis.

PROJET D'ARRÊTÉ.

Qu'il soit fait une adresse à l'assemblée nationale pour la remercier ;

1°. D'avoir déchargé la municipalité de Paris

du cautionnement des 70 millions pour la vente des biens ecclésiastiques qu'elle offroit d'acquérir, pour lui témoigner sa profonde douleur sur le trafic de ce cautionnement, dénoncé dans une de ses séances, et le zèle avec lequel elle en recherche les auteurs.

2°. Pour la remercier d'avoir réduit au seizième l'indemnité à accorder aux municipalités, le patriotisme, et non de vils calculs, devant guider dans cette circonstance, pour lui déclarer que la municipalité de Paris n'entend prélever sur le seizième, accordé pour les frais de vente aux municipalités, que le total de ces frais, et qu'elle versera dans la caisse de l'extraordinaire, l'excédent, s'il y en a.

3°. Pour lui déclarer encore que, dans le dessein d'éviter les jalousies qui pourroient résulter entre les municipalités, de l'achat qu'elles feroient sur le territoire les unes des autres, la municipalité de Paris renonce à acquérir au-delà de son territoire, sans préjudice des services qu'elle pourra donner aux autres municipalités, tant pour faire connoître dans la capitale les biens qui seront à vendre dans les arrondissemens, que pour en faciliter la vente.

www.ingramcontent.com/pod-product-compliance
Lightning Source LLC
Chambersburg PA
CBHW071410030726
47594CB00006B/2386